AF264230

UN CHANGEMENT OU UNE RÉVOLUTION

UN CHANGEMENT

OU

UNE RÉVOLUTION ?

GL

1871

Ecrasée par l'Allemagne, la France a perdu la
confiance, la virilité, l'énergie ; dominée, non
gouvernée, depuis la chute de l'Empereur, par des
ambitieux sans talent, des pusillanimes sans honnê-
teté , elle a perdu le sentiment de sa dignité de
nation ; déchirée par une guerre intestine dont les
auteurs sont punis d'une façon dérisoire, elle a perdu
la notion du droit ; il n'y a plus de nation française,
il n'y a plus qu'un troupeau : une nation a une
constitution, une armée, des ministres, un gouvernement ; nous n'avons rien de tout cela : pas de
constitution, car cette assemblée, qui s'est déclarée
constituante par la toute-puissance de sa volonté,
n'a pas osé joindre l'acte à la parole ; pas d'armée,
car une armée se compose de soldats et d'officiers,

et si l'on supprimait de la nôtre tout ce qui ne mérite le nom ni d'officier ni de soldat, que resterait-il ? Pas de ministres, car un ministre se fait obéir d'un préfet, et les nôtres ne le peuvent pas ; pas de gouvernement, car ce que nous avons n'est ni république, ni monarchie, ni gouvernement parlementaire, c'est l'anarchie. Et cependant, le pays attend ; l'anarchie de Versailles a vaincu l'anarchie de Paris ; on ne tire plus le canon en France, cela suffit ; le pays attend qu'il plaise à ses souverains maîtres de décider de quelle façon il vivra, de quelle façon il sera gouverné ; il attend passivement que la Providence le tire de l'abjection où il est tombé, et de troupeau qu'il est devenu, le fasse redevenir nation. Désordre dans l'administration, stagnation dans les affaires, désorganisation, agitation, crainte à l'intérieur, déconsidération au dehors : le pays voit tout cela, et il attend. M. Thiers déclare au pays qu'il a la plus belle armée du monde, et la plus belle République du globe, gouvernée par le plus habile des autocrates, et le pays, fatigué de cette vie d'agitations et de luttes, prête complaisamment l'oreille à cette voix trompeuse qui lui dit qu'il peut dormir tranquille et que le danger est passé. Nous vivons d'illusions et d'espérances, de promesses et de mensonges, et après en avoir vécu, nous finirons par en mourir ; les plaies sont profondes et c'est se condamner que de n'avoir point le courage de les sonder.

Depuis que M. Thiers est au pouvoir, quel a été le fondement du soi-disant gouvernement dont il est le chef ? — La peur.

Qu'est-ce qui a donné naissance aux propositions Rivet, Vitet ? — La peur.

Qu'est-ce qui a permis à l'Assemblée de consommer une usurpation monstrueuse en se déclarant constituante ? — La peur.

Que pouvait-il sortir d'une pareille source ! Rien que de mauvais, rien que ce provisoire désastreux préparé par des compromis, des comédies et des intrigues, au profit de l'ambition d'un seul, pour la ruine et la honte de la Patrie.

Eh bien ! maintenant que le coup est fait, il faut avoir le courage d'en examiner les conséquences ; la chambre est en vacances, MM. les députés sont allés se reposer de leur travaux si pénibles............ pour le pays, et M. Thiers se trouve seul pour gouverner la machine : que va-t-il se passer ? C'est la question qu'on ose à peine faire, à laquelle surtout on n'ose pas répondre ; il faut répondre cependant ; ce n'est pas en se cachant la tête pour ne pas voir le danger qu'on l'évitera ; il est temps que le parti de l'ordre cesse d'être le parti de l'indifférence et de l'atonie, s'il ne veut succomber sous l'effort du parti du mouvement ; l'homme qui court sur une route et qui en heurte un autre immobile le renverse, fût-il moins fort que lui ; c'est la loi de la nature ; si le parti du désordre peut pendant quelque temps encore porter seul le titre de parti du mouvement, souvenez-vous en, le jour ou il y aura un choc, ce sera lui qui vaincra ; pour éviter cela, il ne suffit pas de résister, il faut regarder le danger en face et le combattre, il faut attaquer.

Mais ici je vois s'élever contre moi tous les

partisans du provisoire : les peureux qui continuent à vivre dans cette incertitude qui leur est si chère ; les républicains innocents qui sont contents parce que ce provisoire porte le nom de République et qu'ils croient que cela durera toujours ; les monarchistes qui voient la République déconsidérée par ce gouvernement de rencontre qui s'est décoré de son nom ; ceux des députés nommés en Février pour faire la paix, qui savent qu'ils ne seront pas réélus pour faire une Constitution, et qui veulent allonger la ficelle tant qu'ils pourront ; M. Thiers enfin qui a exploité les passions de tous ces gens-là, et pour qui tous ces gens-là ont travaillé ; je les vois tous se lever et me dire : « Mais le danger où est-il ? Les emprunts se font à souhait ; l'insurrection est vaincue ; les chefs communaux sont sous la main de la justice (ou à l'étranger, Messieurs) ; où est le danger, dites-nous le ? »

Le danger le voici :

Lorsqu'on fait un retour sur ce qui s'est passé à l'Assemblée nationale, depuis le moment où

M. Thiers a pris la direction des affaires, on cons-
tate tout d'abord un fait si universellement reconnu
qu'il serait inutile de le discuter, c'est que M. Thiers,
sur toutes les questions qui intéressent l'avenir de
notre pays, a toujours été en dissentiment avec
l'Assemblée ; nul n'a oublié les discussions sur les
conseils généraux, sur la question romaine, sur la
garde nationale ; et M. Thiers, à chaque discussion
un peu violente, déclarant qu'il voit bien qu'il n'a
plus la confiance de l'Assemblée, que d'ailleurs ses
fonctions sont pénibles, accablantes, et qu'après
tout si on ne veut plus de lui, on n'a qu'à le dire,
qu'il quittera sans regret cette position pleine de
douleurs et d'amertumes ; puis ces démissions si
vite données, encore plus vite reprises, que per-
sonne n'a pu croire sincères.

Or, il existe en France des gens naïfs qui s'ima-
ginent que le bon sens suffit pour scruter les pro-
fondeurs de la politique, et ceux-là se demandent
si un pays peut être bien gouverné lorsqu'en face
d'une Assemblée souveraine se trouve un Président
perpétuellement en désaccord avec elle ; si cette

Assemblée ne fait pas preuve d'impuissance en gardant à la tête des affaires un homme dont elle improuve les idées politiques ; si, à son tour, cet homme fait preuve de dignité en sacrifiant ses idées à la satisfaction de régner. Il existe des gens aussi qui, pour ne point se donner le nom pompeux de patriotes, n'en ont pas moins de patriotisme pour cela ; et ceux-là ne peuvent se défendre d'un sentiment de profonde inquiétude pour l'avenir de leur pays, lorsqu'ils voient fonder un gouvernement, provisoire il est vrai, mais dont on ne peut dès à présent prévoir la durée, en l'organisant de telle façon qu'il repose tout entier sur la tête d'un vieillard octogénaire, et que si demain ce vieillard vient à mourir, la France se trouve, non pas seulement sans chef, mais sans gouvernement.

Il est certain qu'on a manqué à la fois de dignité et de prévoyance ; malheureusement tout n'est pas là : en admettant que M. Thiers ait un brevet de longévité, que l'Assemblée paraît d'ailleurs lui avoir supposé, il serait plus difficile de lui concéder un brevet de popularité ; demain, aujourd'hui, une faute peut le faire tomber, si l'Assemblée n'est pas là pour lui prêter son appui ; or, qu'on ne s'y trompe pas, M. Thiers ne tombera pas sans combattre ; lorsqu'un homme s'est une fois couché dans le satin des palais, il est rare que la simple manifestation de l'opinion publique suffise pour le lui faire quitter ; et, pour l'en arracher, il faut déchirer les lambris auxquels il se cramponne ; il est permis de douter que M. Thiers soit plus parfait que tant d'autres ; il est permis de douter que ce vieillard, qui a passé sa vie à renverser deux trônes, se soit assis à son tour sur un fauteuil de Président pour savoir par lui-même ce qu'on éprouve quand on descend de là ; et le jour où la nation, lassée, se décidera enfin à déclarer qu'elle en a assez et qu'elle veut exprimer sa volonté et avoir un vrai gouvernement, ce jour là M. Thiers ne se demandera plus de *quel côté est le droit*, et nous serons en révolution.

Or, voici ce qui arrivera :

Dans l'armee, sur laquelle s'appuiera M. Thiers,

il y aura des gens qui se souviendront de l'Empire;
il y en aura d'autres qui se souviendront des tristes
enseignements qu'ils ont reçus dans les grandes
villes; il y en aura enfin qui auraient donné leur
sang pour la France sans sourciller et qui ne le
donneront qu'à regret pour un gouvernement dont
la douceur à l'égard des chefs communaux est un
soufflet donné à l'armée. Est-ce à dire qu'elle ne
fera pas son devoir? Non sans doute, mais il y a
deux manières de faire son devoir : le soldat qui
combat pour ses foyers, ses dieux et ses enfants,
est animé d'une ardeur qui ne se retrouve point
dans celui que son honneur seul contraint à exé-
cuter une tâche pénible ; et ce fait là se produira
le jour où l'armée aura à combattre pour M. Thiers ;
l'émeute sera attaquée mollement et force restera
à l'émeute; alors accourront de toutes parts ces
hommes de désordre et de sang qui avaient orga-
nisé la Commune de Paris, dont on n'a pas pris
un sur vingt, et qui sont à l'affût d'une occasion
favorable pour prendre leur revanche ; une fois
maîtres du terrain, ils s'en iront, au nom de la
liberté et en chantant la *Marseillaise*, délivrer les
douze mille innocents qui gémissent sur les pon-

tons et les vingt-cinq mille gredins qui leur tiennent compagnie ; aussitôt en liberté, ces vingt-cinq mille gredins deviendront des martyrs, et, nous l'avons appris, du martyre au pouvoir il n'y a qu'un pas ; on mettra des martyrs partout, depuis le chef du gouvernement jusqu'à la plus petite sous-préfecture, comme le 4 Septembre avait mis à tous les postes des coquins déportés par l'Empire.

Voilà ce qui nous menace ; et, dois-je le dire, je crains encore d'avoir été bien téméraire en déplorant l'absence de l'Assemblée le jour où M. Thiers aurait besoin d'un appui, en supposant que, si elle se trouve là dans les jours difficiles, elle pourra prêter au gouvernement qu'elle a créé un secours efficace ; comment en effet penser que cette Assemblée qui tremble devant M. Thiers, et qui ne le conserve que pour sa poigne et parce qu'elle le croit capable d'une énergie qu'elle même ne possède pas, comment penser, dis-je, que cette Assemblée qui a fait un pareil aveu d'impuissance saura retrouver la force, sera capable de mesures énergiques, le jour où celui qu'elle a cru seul capable de guider le cours des choses sera devenu lui-même impuissant ?

Non, elle ne le pourra pas ; et nous serons sur le bord de l'abîme tant que nous n'aurons pas une Assemblée et un Gouvernement issus du suffrage universel, tant qu'on voudra suppléer aux institutions par des hommes.

Ceux qui liront ceci m'accuseront de vouloir le renversement de l'ordre de choses existant ; je ne m'en cache pas : j'étais conservateur quand la France était grande et honorée, je ne le suis plus quand elle est déconsidérée et amoindrie. A Dieu ne plaise qu'on me soupçonne de vouloir une nouvelle révolution ? Non ! loin de la vouloir, cette révolution, je la redoute pour mon pays ; et c'est pour cela que je voudrais qu'on la prévînt par un changement paisible ; je vois la fragilité de ce gouvernement, et je voudrais que M. Thiers eût le désintéressement de descendre pour éviter au pays le tumulte de sa chute ; ce jour-là il aurait bien mérité de la patrie, et il confondrait d'un seul coup ceux auxquels son passé donne de l'inquiétude pour l'avenir de la France.

Son passé ! Ah ! oui sans doute on oublie le passé chez nous ; le peuple français sera toujours ignorant, parce que savoir, c'est se souvenir, et qu'en France on ne se souvient pas ; j'entends des gens, qui ne sont pas encore revenus d'illusions qu'ils n'auraient jamais dû avoir, me dire qu'au milieu de cet enthousiasme à la fois généreux et fou qui poussait la France tout entière à la guerre contre la Prusse, M. Thiers fut le seul qui prédit et voulut empêcher nos malheurs : moi aussi j'ai vu M. Thiers, perché sur sa branche, nous annoncer la défaite et la ruine, et ce jour-là je me suis indigné. Car je me suis souvenu de ces discussions où l'on représentait à M. Thiers l'ambition, la force de la Prusse, le nombre de ses soldats, et où, à la tête de cette opposition dont il était la voix la plus puissante, résistant à toutes les demandes du gouvernement ayant pour but d'augmenter les forces du pays , il répondait : Fantasmagorie ! C'est qu'avec une armée nombreuse, la France était forte, et que la gloire de l'Empire était attachée à la grandeur de la France ; la Commune a dit : « Périsse la France plutôt que la République ! » Ce jour-là l'opposition et son chef s'étaient dit : « Périsse l'Empire, dût la France périr avec lui ! »

Je me suis souvenu encore, et, je le dis hautement, j'ai pris à tâche de rafraîchir la mémoire à la France, je me suis souvenu de ces sanglants reproches faits au gouvernement après Sadowa, et j'ai vu alors ce à quoi je n'avais jamais réfléchi, qu'on avait poussé le gouvernement à la guerre en lui en refusant les moyens. En 1866, le gouvernement n'était peut-être pas plus prêt qu'en 1870, et peut-être eût-il été aussi sage la seconde fois que la première, sans les coups d'éperon de l'opposition.

Je n'admire pas votre perspicacité, M. Thiers ; vous avez prédit en 1870 le résultat auquel vous travailliez depuis quatre ans, voilà tout. Vous avez, vous et vos frères , poussé le gouvernement à sa perte , et une fois la guerre devenue inévitable, vous avez crié au gouvernement : « Vous courez à l'abîme ! » Il n'était plus temps de l'arrêter ; mais votre prophétie arrivait encore assez tôt peut-être pour troubler sa conscience et lui souffler cet esprit d'incertitude et d'imprévoyance qui se glisse dans les conseils des rois lorsque le moment de leur chute est arrivé.

Voilà pourquoi, M. Thiers, votre passé me fait douter de l'avenir de la France dont je vous considère comme le mauvais génie ; voilà pourquoi l'histoire ne vous décernera pas ce titre que vos amis vous prodiguent ; voilà pourquoi, lorsque vous ne serez plus sur ce fauteuil que des flatteurs entourent, vous n'entendrez plus raisonner à votre oreille cette désignation flatteuse que Washington mérita : vous ne serez plus « un grand citoyen. »

Monsieur le Président, vous avez dit bien des fois à la tribune que vous aimiez votre pays ; le moment est venu de le prouver ; réunissez le plus tôt possible l'Assemblée, déclarez-lui que, si elle

ne consulte pas le pays, vous quittez un pouvoir
que le pays ne vous laisserait pas si on lui deman-
dait son avis. Si vous faites cela avant que l'opinion publique vous y ait contraint, le jour où nous
aurons un gouvernement, la France aura déjà oublié
vos fautes , pour ne se souvenir que du service
que vous lui aurez rendu ; vous n'aurez peut-être
pas la reconnaissance de ceux qui disent : « Périsse
la France plutôt que votre principe » ; mais vous
aurez l'estime des honnêtes gens qui depuis si long-
temps déjà crient vers le ciel et vers les hommes :
« Périssent les ambitieux et vive la France ! »

Brest. — Imp. J.-P. Gadreau.

* 9 7 8 2 0 1 3 2 4 2 6 1 5 *